AF220225

Gesamtkatalog

zur

Buchmesse 2023

von

www.sw-sportbuch.de

Leipzig, Frankfurt und
Berlin

Tanja Wahle

Stefan Wahle

www.buch.guru

Impressum

© 2022 Copyright by Team Wahle, Hamburg, 1. Auflage, 250 Stück + print on demand

Fotos: Stefan Wahle; Texte: Tanja Wahle

Herausgeber: „Buch Guru Media" ®

www.sw-sportbuch.de
info@sw-sportbuch.de
www.facebook.com/Stefan.Wahle.Autor

Herstellung und Verlag:

BoD – Books on Demand, Norderstedt

ISBN 978-3-7562-1611-6

Alle Bücher können als Printausgabe oder als E-Book bezogen werden bei, z.B.

- www.bod.de/buchshop/
- www.amazon.de
- www.thalia.de
- www.weltbild.de
- Apple Books über die Verlinkung www.ebook-shop.me
- www.ebook.de
- www.hugendubel.de
- https://shop.autorenwelt.de

Als Erstes werden die Preise der Printausgaben (bzw. CDs) genannt, in Klammern die der E-Books (bzw. MP3-Downloads). Irrtümer vorbehalten! Mehr Infos zu unseren Produkten und noch mehr Veröffentlichungen auf unseren Seiten:

www.sw-sportbuch.de

www.buch.guru

Vorwort

Liebe Freundinnen und Freunde des Autoren-Teams Wahle!

Nachdem wir 2018 und 2019 jeweils mit einem eigenen Stand an der Leipziger Buchmesse teilgenommen haben, wollen wir uns zukünftig wieder mehr der gesamten Messe widmen. Daher stellen wir auf den Messen Leipzig und Frankfurt am Stand des Selfpublisher-Verbandes ausgewählte Exponate unserer Buchneuerscheinungen aus. Geplant sind des Weiteren ein Meet & Greet am Stand sowie eine Lesung auf eine der Bühnen. Einzelheiten entnehmen Sie bitte den Informationen am Stand des Verbandes bzw. unter der Rubrik Veranstaltungen auf unserer Seite www.buch.guru.

Herzlichst

Ihr

Team Wahle

1. Krav Maga / Selbstverteidigung ...

1.1. „Krav Maga für Anfänger"

Dieses deutschsprachige Buch führt den Anfänger Schritt für Schritt an das israelische Selbstverteidigungssystem Krav Maga heran und vermittelt mit über 300 Fotos und ausführlich erklärenden Texten alle erforderlichen Grundkenntnisse und deren praktische Anwendung.

Preise: 19,99 (14,99) EUR

1.2. „Krav Maga für Fortgeschrittene"

Dieses deutschsprachige Buch führt den Fortgeschrittenen Schritt für Schritt an die Waffenabwehrtechniken des israelischen Selbstverteidigungssystems Krav Maga heran und vermittelt mit über 400 Fotos und ausführlich erklärenden Texten alle erforderlichen Technikkenntnisse und deren praktische Anwendung.

Preise: 19,99 (14,99) EUR

1.3. „Das umfassende Krav Maga Ringbuch"

In diesem deutschsprachigen Ringbuch werden die Grundtechniken und deren praktische Anwendung sowie die Waffen-Abwehr-Techniken des israelischen Selbstverteidigungssystems Krav Maga mit über 750 Fotos und ausführlich erklärenden Texten dargestellt. Der Autor Stefan Wahle ist Mitglied in diversen nationalen und internationalen Krav Maga Verbänden und verfügt über eine 35-jährige Kampfkunst-/Kampfsporterfahrung. Dieses Lehrbuch ist offiziell von der Krav Maga Sawah® Organisation Deutschland autorisiert und insbesondere durch die praktische Ringbindung zum Üben geeignet.

Preise: 24,99 (19,99) EUR

1.4. „Krav Maga Selbstverteidigung für Frauen"

Krav Maga Selbstverteidigung für Frauen umfasst effektive Techniken speziell für Frauen, die in einer Notwehrsituation ihre Gesundheit oder ihr Leben schützen möchten. Dabei werden die Selbstverteidigungstechniken so einfach wie möglich gehalten und die körperlichen Gegebenheiten von Frauen, die häufig aufgrund von körperlicher Unterlegenheit viele der sonst üblichen Techniken entweder gar nicht oder nur mit einem großen Eigengefährdungsrisiko ausführen können, berücksichtigt. Preise: 12,99 (7,99) EUR

1.5. „American Ju-Jutsu Gesamtausgabe"

Die moderne Selbst-verteidigungssportart Ju-Jutsu wurde in langjähriger Arbeit vom Deutschen Dan-Kollegium e.V. im Auftrage des Deutschen Judo-Bundes e.V. (DJB) entwickelt und entstand ursprünglich aus einer Zusammenstellung von effektiven Techniken aus den Traditionssportarten Judo, Karate, Aikido sowie dem alten Jiu-Jitsu und wurde von der deutschen Polizei als Ausbildungsbestandteil übernommen.

1989/90 kam es dann aber zum Bruch innerhalb des DJB und es spalteten sich diverse Ju-Jutsu-Verbände ab, die das System unterschiedlich weiterentwickelten. 1993 gründete sich in Hamburg der gemeinnützige Sportverband "American Ju-

Jutsu Landesverband Hamburg e.V.", in dem amerikanische Kampfkunst-/-sporteinflüsse zum Tragen kamen. Das lag unter anderem auch an der Mitgliedschaft in der in Amerika ansässigen "International Federation of Ju-Jutsuans".

Diese besonderen Ausprägungen gingen weg vom judolastigen Sport hin zum realistischen Straßenkampf ohne Schnörkel und Show-Techniken. Auch die polizeitypischen Abführtechniken sucht man dort vergebens, da diese für den normalen Bürger uninteressant sind. Man trennte sich von unnötigem Ballast und vertrat das Motto, dem jede Selbstverteidigung folgen sollte: "Keep it simple!".

Dieses Buch beschäftigt sich mit über 700 Fotos mit den im American Ju-Jutsu verwendeten Grundtechniken, mit Hebeltechniken für die Fortgeschrittenen und zeigt die praktische Anwendung der

Grundtechniken in realistischen Kombinationen gegen einen umfangreichen Angriffskatalog. Zum Schluss wird noch auf das Spezialthema Frauenselbstverteidigung eingegangen. Sie erhalten somit einen umfassenden Einblick in das „American Ju-Jutsu". Dies ist die günstige **Paperback-Auflage.**

Preise: 19,99 (18,99) EUR

Sonderedition **Hardcover**: 29,99 EUR

1.6. „Selbstverteidigung mit dem Kubotan"

 Die Selbstverteidigungs-möglichkeiten mit dem Kubotan oder ersatz-weise mit einem handelsüblichen Kugel-schreiber aus Metall werden mit 150 Farbfotos im Detail dargestellt. Es beginnt mit den Grundlagen, wie Stellungen und Bewegungslehre. Darauf aufbauend geht es um die Haltungen des Kubotan, Stich- und Druckbewegungen unter Beachtung der Nervendruckpunkte sowie die praktische Anwendung mit typischen Angriffen und Abwehrkombinationen. Am Ende gibt es noch eine Einführung in die rechtlichen Regelungen von Notwehr und Nothilfe.

Seien Sie kein Opfer, sondern lernen Sie sich zu verteidigen! Preise: 14,99 (9,99) EUR

1.7. „Krav Maga - Grundtechniken und praktische Anwendung"

In diesem deutschsprachigen Buch werden die Grundtechniken des israelischen Selbstverteidigungssystems Krav Maga und deren praktische Anwendung mit über 300 Fotos und ausführlich erklärenden Texten dargestellt. Dieses Lehrbuch ist offiziell von der Krav Maga Sawah® Organisation Deutschland autorisiert.

Preise: 18,99 (14,99) EUR **Paperback, s/w**

Auch als Sonderedition **Hardcover** und mit **Farb-Fotos** erhältlich:

Preis: 34,99 EUR

1.8. „Krav Maga 2 - Waffenabwehr"

In diesem deutschsprachigen Buch werden die Waffen-Abwehr-Techniken des israelischen Selbstverteidigungssystems Krav Maga gegen Messer, Stock und Pistole mit über 400 Fotos und ausführlich erklärenden Texten dargestellt. Dieses Lehrbuch ist offiziell von der Krav Maga Sawah® Organisation Deutschland autorisiert.

Preise: 18,99 (14,99) EUR **Paperback, s/w**

Auch als Sonderedition **Hardcover** und mit **Farb-Fotos** erhältlich:

Preis: 34,99 EUR

1.9. „Verteidigung gegen Schusswaffen"

In diesem deutschsprachigen Buch werden die Schusswaffen-Abwehr-Techniken des israelischen Selbstverteidigungssystems Krav Maga gegen praktische Angriffe und in Kombinationen mit über 150 **Farb-Fotos** und ausführlich erklärenden Texten dargestellt. Dieses Lehrbuch ist offiziell von der Krav Maga Sawah® Organisation Deutschland autorisiert. Preise: 14,99 (10,99) EUR

1.10. „Verteidigung g. Messerangriffe"

In diesem deutschsprachigen Buch werden die Messer-Abwehr-Techniken des israelischen Selbstverteidigungssystems Krav Maga mit über 180 Fotos und ausführlich erklärenden Texten dargestellt. Dieses Lehrbuch ist offiziell von der Krav Maga Sawah Organisation Deutschland autorisiert.

Preise: 14,99 (11,99) EUR   Mit **Farb-Fotos**!

1.11. „Verteidigung g. Stockangriffe"

In diesem deutschsprachigen Buch werden die Stock-Abwehr-Techniken des israelischen Selbstverteidigungssystems Krav Maga mit **Farb-Fotos** und ausführlich erklärenden Texten dargestellt. Dieses Lehrbuch ist offiziell von der Krav Maga Sawah® Organisation Deutschland autorisiert.

Preise: 9,99 (7,99) EUR

1.12. „American Ju-Jutsu Straßenkampf

by Stefan Wahle"

 Dieses Buch beschäftigt sich mit über 200 Fotos mit realistischen Technikkombinationen für die Selbstverteidigung des Normalbürgers, der in einer Notwehrsituation seine Gesundheit oder sein Leben beschützen möchte. 1993 gründete sich in Hamburg der gemeinnützige Sportverband "American Ju-Jutsu Landesverband Hamburg e.V.", in dem amerikanische Kampfkunst-/-sporteinflüsse zum Tragen kamen. Das lag unter anderem auch an der Mitgliedschaft in der in Amerika ansässigen "International Federation of Ju-Jutsuans".

Preise: 11,99 (7,99) EUR

1.13. „Kurskonzept Frauenselbstvertei-

digung: Ein Trainerleitfaden"

Dieses Buch wendet sich an Trainer, die einen Selbstverteidigungskurs für Frauen anbieten wollen. Konzipiert wurde ein zweitägiger Kompaktkurs, in dem ein spezielles System von nur 11 Techniken für eine Vielzahl von Angriffen vermittelt werden soll. Das System und der Kurs haben sich in den letzten 20 Jahren bewährt und so möchte der American Ju-Jutsu Landesverband Hamburg dieses weitergeben.

Preise: 6,99 (5,49) EUR

1.14. „Sawah Kung Fu Grundtechniken"

 Dieses Buch beschäftigt sich mit Kung Fu Grundtechniken im Sawah® Stil und ist ein offizielles Lehrbuch der Sawah® Qigong und Taijiquan Gesellschaft. Der Sawah® Kuen umfasst ein Gesundheits- und Übungssystem aus den Bereichen Qigong, Taijiquan und Kung Fu auf Grundlage traditioneller chinesischer Kampfkünste und Übeverfahren unter der Berücksichtigung der europäischen Bedürfnisse und Eigenheiten.

Das System wird mit über 220 **Farb-Fotos** im Detail dargestellt. Jeder kleine Zwischenschritt ist erkennbar und auch für Anfänger nachvollziehbar. Ergänzt wird das Ganze durch ausführlich erklärende Texte.

Preise: 19,99 (13,99) EUR

1.15. „Shaolin Qin Na Sawah Kuen: Chinesische Selbstverteidigung"

Shaolin Qin Na ist die chinesische Selbstverteidigung mit dem Schwerpunkt der Anwendung von Hebeltechniken und damit der Kontrollausübung über den Gegner. Das System wird in diesem Buch mit über 260 Fotos im Detail dargestellt. Jeder kleine Zwischenschritt ist erkennbar und auch für Anfänger nachvollziehbar. Ergänzt wird das Ganze durch ausführlich erklärende Texte. Der Autor ist Präsident der Sawah® Qigong und Taijiquan Gesellschaft, dem Fachverband für Qigong, Taijiquan und Kung Fu im Sawah-Stil.

Preise: 11,99 (8,99) EUR

1.16. „Sawah Kung Fu Gesamtausgabe: Eine umfassende Einführung in den Sawah Kuen"

Dieser Sammelband beschäftigt sich mit Kung Fu Techniken im Sawah® Stil und ist ein offizielles Lehrbuch der Sawah® Qigong und Taijiquan Gesellschaft.

Das System wird mit über 500 Fotos im Detail dargestellt. Jeder kleine Zwischenschritt ist erkennbar und auch für Anfänger nachvollziehbar. Ergänzt wird das Ganze durch ausführlich erklärende Texte.

Preise: 19,99 (15,99) EUR

2. „Social Media Marketing"

Dieses Buch von Stefan Wahle beschäftigt sich mit den Marketingmöglichkeiten in den sozialen Netzwerken. Insbesondere Unternehmensstarter mit kleinem Budget können hier viele Ideen finden, die sie selber umsetzen können. Es werden alle gängigen Plattformen aufgeführt, praktische Beispiele gezeigt und die erforderlichen Arbeitsschritte für jedermann verständlich genau erläutert. Preise: 7,99 (5,99) EUR

3. Qigong und Taijiquan

3.1. „Handbuch Qigong"

 Dieser offiziell vom Verband autorisierte Sammelband beschäftigt sich mit den vier unterschiedlichen Qigong-Formen Ba Duan Jin, Wu Qin Xi, Yi Jin Jing und Liu Zi Jue. Die hier vorgestellten Varianten sind an die offiziell vom chinesischen Sportministerium autorisierten Formen angelehnt und Teil des Lehrprogramms der Sawah® Qigong und Taijiquan Gesellschaft. Sie werden mit über 900 Fotos im Detail dargestellt und erläutert. Die praktische Ringbindung dieser Sonderedition erleichtert das Üben!   Preis: 24,99 EUR

3.2. „Die 18 Übungen des Taiji-Qigong by Gabi Philippsen"

Die in aller Welt weit verbreitete und beliebte Qigong-Form "Die 18 Übungen des Taiji-Qigong" oder oft auch als Shibashi-Form bekannt, wurde von Meister Lin Hou Sheng in den 1970er Jahren entwickelt und in der bekannten Reihenfolge zusammengestellt.

In diesem Buch wird sie in ca. 270 **Farb-Bildern** dargestellt und jeder einzelne Schritt sowie Übergänge von einer Übung in die nächste detailliert beschrieben. Somit wird auch Anfängern jeglichen Alters ein erster Einstieg ins Qigong relativ leicht ermöglicht.

Jede Übung hat bestimmte gesundheitliche Wirkungsweisen auf den Körper, so dass in der Gesamtheit der ganze Körper sanft mobilisiert wird und durch die Stärkung des Qi (der inneren Lebensenergie) und der entstehenden Harmonie von Körper, Geist und Seele die Lebensqualität positiv beeinflusst wird.

Wissenschaftliche Studien des staatlichen Forschungsinstitutes für TCM in Shanghai bestätigen dies.

Dieses Buch richtet sich nicht nur an gesunde, sondern auch an körperlich erkrankte und stressgeplagte Menschen. Die Übungen können sowohl im Stehen als auch im Sitzen ausgeführt werden.

Preise: 19,99 (14,99) EUR

3.3. „Das Spiel der 5 Tiere - Qigong by Stefan Wahle"

Das Spiel der 5 Tiere wird mit über 300 **Farbfotos** im Detail dargestellt. Ursprünglich wurde Wu Qin Xi von einem Arzt aus der östlichen Han-Dynastie (25-220) namens "Hua Tuo" entwickelt. Dieser beobachtete Tiere in ihrer natürlichen Umgebung, die zur Stärkung ihrer Konstitution körperliche Übungen vollführten. Er war der Meinung, dass diese Übungen auch für den Menschen förderlich sein könnten. Diese Übungen und insbesondere die Reihenfolge der Tiere (Tiger, Hirsch, Bär, Affe, Kranich) wurden erstmals im Rahmen der Biografie Hua Tuos in dem

Buch "Die Annalen der Drei Reiche" von Chen Shou während der westlichen Jin-Dynastie (265-316) erwähnt. Diese Reihenfolge wurde auch in der modernen, hier vorgestellten Form übernommen. Rund 300 Jahre nach Hua Tuo lebte Tao Hongjing, der in seinem Werk "Über die Pflege der geistigen Gesundheit und die Verlängerung der Lebenszeit" ebenfalls diese Übungen in Verbindung mit Hua Tuo erwähnte und näher beschrieb. Insbesondere erwähnte er pro Tier zwei Übungsvarianten, die ebenfalls in die neue Form Eingang gefunden haben. In der modernen Form wurden zusätzlich eine Ausgangs- und Abschlussübung hinzugefügt. Diese sollen den Atem zu Beginn anpassen und am Schluss das Qi zu seinem Ursprung zurückführen. Die hier vorgestellte Variante ist an die offiziell vom chinesischen Sportministerium autorisierte Form angelehnt.

Preise: 19,99 (13,99) EUR

3.4. „Die 8 Brokate - Qigong by Stefan Wahle"

„Die 8 Brokate" entstanden vermutlich in der Zeit der Song-Dynastie (960 – 1279 n. Chr.) und werden in diesem Buch mit über 150 **Farbfotos** auf Spezialfotopapier im Detail dargestellt. Jeder kleine Zwischenschritt dieser beliebten Qigong-Form ist erkennbar und auch für Anfänger nachvollziehbar. Ergänzt wird das Ganze durch ausführlich erklärende Texte.

Preise: 16,99 (12,99) EUR

3.5. „Das Qigong der 5 Wandlungsphasen"

Die Handbewegungen der 5 Wandlungs-
phasen wurden in den 1950er Jahren von
Herrn Qin Zhongsan vermittelt und von der
Qigong Abteilung der chinesischen

medizinischen Klinik in Peking klinisch angewandt. Der Arzt und emeritierte Professor der Universität für TCM in Peking Song Tianbin unterrichtet das Qigong der 5 Wandlungsphasen / 5 Elemente seit Jahren regelmäßig als Gastdozent an der Universität in Oldenburg. Der Autor Stefan Wahle ist sein Schüler. Die hier vorgestellte Variante ist offiziell von der Sawah® Qigong und Taijiquan Gesellschaft autorisiert, wird mit den sechs heilenden Lauten kombiniert und in diesem Buch mit über 300 **Farb-Fotos** im Detail dargestellt. Jeder kleine Zwischenschritt ist erkennbar und auch für Anfänger nachvollziehbar. Ergänzt wird das Ganze durch ausführlich erklärende Texte.

Preise: 19,99 (15,99) EUR

3.6. „Rückenqigong by Stefan Wahle"

In diesem Buch wird das Rückenqigong mit über 200 Fotos im Detail dargestellt und erläutert. Die Form besteht aus acht für den Rücken positiv wirksamen Bewegungs-abfolgen und ist offiziell von der Sawah® Qigong und Taijiquan Gesellschaft autorisiert.

Preise: 9,95 (5,99) EUR

3.7. „He Xiang Zhuang" - Das Qigong des fliegenden Kranichs

Der fliegende Kranich ist eine noch recht junge Form des Qigongs und wurde von dem Arzt Dr. Pang He Ming und dem Qigong-Meister Zhao Jin Xiang entwickelt. Seit 1980 unterrichtete Zhao Jin Xiang den fliegenden Kranich, der heute von mehr als 10 Millionen Menschen praktiziert wird. Mittlerweile hat er sich zur Ruhe gesetzt. Die hier vorgestellte Variante des fliegenden Kranichs ist offiziell von der Sawah® Qigong und Taijiquan Gesellschaft autorisiert und beinhaltet die reinen Donggong-Varianten der Formen 1 bis 5. In diesem Sammelband werden die fünf Formen mit über 550 Fotos im Detail dargestellt und erläutert. Preise: 11,99 (9,99) EUR **Paperback, s/w**

Auch als Sonderedition **Hardcover** und mit **Farb-Fotos** erhältlich:

Stefan Wahle

"Der fliegende Kranich" - Qigong, Gesamtausgabe

Sonderedition Hardcover mit über 500 Farbfotos

Preise: 39,99 (19,99) EUR **Farb-Fotos**

3.8. „Das Qigong der sechs heilenden Laute"

 Das Qigong der sechs heilenden Laute wird in diesem offiziellen Lehrbuch der Sawah® Qigong und Taijiquan Gesellschaft mit über 195 **Farb-Fotos** im Detail dargestellt. Dabei geht es um die sechs Methoden des Ausatmens, deren Wirkungen auf den menschlichen Organismus und den Qi-Fluss. Ursprünglich handelte es sich ausschließlich um Atemübungen verbunden mit Tonbildung. Erst in der Ming-Dynastie (1368-1644) kamen begleitende Körperbewegungen hinzu. Angestrebt wurden die Bekämpfung von Krankheiten und die Verlängerung der Lebensdauer.

Preise: 16,99 (12,99) EUR

3.9. „Das muskel- und sehnenstärkende Qigong by Stefan Wahle"

Das muskel- und sehnenstärkende Qigong wird in diesem offiziellen Lehrbuch der Sawah® Qigong und Taijiquan Gesellschaft mit über 270 **Farb-Fotos** im Detail dargestellt. Jeder kleine Zwischenschritt ist erkennbar und auch für Anfänger nachvollziehbar. Ergänzt wird das Ganze durch ausführlich erklärende Texte.

Der Legende nach kam um 500 n.Chr. der buddhistische Mönch Bodhidharma (Gründer des Zen-Buddhismus in China) aus Indien nach China und meditierte dort in einer Höhle des Berges Song in der Nähe des Shaolin Klosters neun Jahre lang. Danach unterrichtete er die Mönche des Klosters in den Übungen des Yi Jin Jing. Dies sollte dem Ausgleich der Belastungen stundenlanger Meditation und damit der Stärkung der Konstitution sowie des Erhaltens eines wachen Geistes dienen. Auch bei diesen speziellen Qigong-Übungen geht es um das Prinzip des An- und Entspannens von unterschiedlichen Muskeln, um den Fluss des Blutes und des Qi im Körper anzuregen. Die Muskeln werden des Weiteren gedehnt, wodurch sich die Beweglichkeit verbessert. Die hier vorgestellte Variante ist an die offiziell vom chinesischen Sportministerium autorisierte Form angelehnt.

Preise: 19,99 (13,99) EUR

3.10. „Das Qigong der 12 Brokate im Sitzen"

Die 12-Brokatübungen sind Teil der alten Daoyin-Tradition aus dem Altertum. Sie wurden vom Zentrum für Gesundheitsqigong des nationalen Hauptsportamtes in China weiterentwickelt und standardisiert. Dabei gibt es Übungen mit Bewegung und Übungen ohne Bewegung. Selbstmassagen, Meditation sowie diverse Dehnübungen wurden auch integriert. Man kann diese Form auf dem

Boden sitzend im Schneider- oder Lotussitz praktizieren oder verwendet wie in diesem Buch zur Schonung der Kniegelenke einen Stuhl.

Diese Methode begann in der Ming-Dynastie (1368-1644) Gestalt anzunehmen und bekam den heutigen Namen in der Regierungszeit des Qing-Kaisers Qianlong (1736-1795). Dabei handelt es sich um eine Ableitung aus den 8 Brokaten von Zhongli Quan, die durch Xu Wenbi um vier Teile auf dann insgesamt 12 Brokate erweitert wurde.

Stefan Wahle hat die Form an der Universität Oldenburg bei Meister Liu Junmai aus Peking erlernt.

Dieses Buch ist offiziell von der Sawah® Qigong und Taijiquan Gesellschaft autorisiert. Ausgestattet mit über 230 **Farb-Fotos**.

2. Auflage 2021, überarbeitet.

Preise: 15,99 (11,99) EUR

3.11. „Dantian-Qigong by Gabi Philippsen"

Die in diesem Buch mit über 170 Farbfotos vorgestellte Variante des Dantian-Qigong ist offiziell von der Sawah Qigong und Taijiquan

Gesellschaft autorisiert. Es handelt sich um insgesamt sechs Übungen und einer anschließenden Selbstmassage. Die drei Dantians sollen hierdurch miteinander verbunden werden. Die sechste Übung des Dantian-Qigong entspricht der ersten Fan Huan Gong Übung, welche der Überlieferung nach zurück bis in die "Östliche Han-Dynastie" (25-220 n.Chr.) zu verfolgen ist. Prof. Cong Yongchun hat diese Form nach Europa gebracht, nachdem sie in China lange Zeit geheim gehalten und bis in unsere Zeit nur von "Herz zu Herz" weitergegeben wurde. Fan Huan bedeutet "Zum Ursprung zurückkehren" und bewirkt eine Regeneration auf allen Ebenen, eine tiefe Entspannung, verbesserte Atmung, Förderung der Beweglichkeit und Geschmeidigkeit, klare Gedanken und das Gefühl, in der Mitte zu ruhen, im Tao.

Preise: 16,99 (9,99) EUR

3.12. Meridian-Qigong by Gabi Philippsen

Die hier vorgestellte Variante des Meridian-Qigongs ist offiziell von der Sawah Qigong und Taijiquan Gesellschaft autorisiert. Es handelt sich um insgesamt 12 Übungen zuzüglich von 2 Vorübungen, die in diesem Buch mit über 300 Farbfotos und ausführlich erklärenden Texten dargestellt werden.

Die Meridian-Übungen sind keiner bestimmten Tradition zuzuordnen. Sie dienen dazu, sich die einzelnen Meridianverläufe im

Körper besser vorstellen zu können, sie sich bewusst zu machen, sie zu erspüren, durchlässig zu machen, Blockaden aufzulösen und den Qi-Fluss anzuregen. Durch die 2 Vorübungen sollen die 3 Dantians miteinander verbunden werden. Jede Meridianübung kann einzeln oder in bestimmten Kombinationen geübt werden. Dabei kann hier besonders Bedacht auf den Ablauf und die Reihenfolge innerhalb der Organuhr, bestimmte Tages- oder Jahreszeiten, in Verbindung mit dem Nähr- oder Kontrollzyklus der 5 Wandlungsphasen oder ganz individuell nach körperlichem Ermessen gegeben werden. Die Übungen beinhalten diverse Dehnpositionen, in denen der Körper eine Weile verharren und der Dehnung sowie dem Verlauf der Meridiane nachgespürt werden sollte. Auf die begleitende Atmung wird gesondert eingegangen.

Preise: 24,99 (16,99) EUR

3.13. „Qigong für jeden Tag by Gabi Philippsen"

Die in diesem Sammelband vorgestellten Varianten verschiedener Qigong-Formen sind offiziell von der Sawah Qigong und Taijiquan

Gesellschaft autorisiert. Es handelt sich um diverse Übungen zuzüglich von 2 Vorübungen, die in diesem Buch mit über 300 Farbfotos und ausführlich erklärenden Texten dargestellt werden.

Durch die 2 Vorübungen sollen die 3 Dantians miteinander verbunden werden.

Jede Übung dieses Sammelbandes kann einzeln oder in bestimmten Kombinationen geübt werden. Dies bietet eine Vielzahl von Variationen und Abwechslung für jeden Tag!

Nach dem Einnehmen des Qigong-Standes und des zur Ruhe Kommens von Atmung, Körper und Geist werden die Übungen ausgeführt.

Auch der Atmung kann besondere Aufmerksamkeit gewidmet werden. Einerseits kann man die Atmung als Anfänger einfach fließen lassen. Sie soll dabei so natürlich wie möglich, sanft, tief und leise sein. Oder aber man achtet als fortgeschrittener Übender auf Ein- und Ausatmung, welche in den einzelnen Übungen mit Steigen und Senken, Öffnen und Schließen in den Bewegungen koordiniert wird.

Enthaltene Übungen:

- Das Qi durch die 3 Dantians führen,

- Der Adler breitet seine Schwingen aus,

- Ursprung des Lichts – Tai Yi Yuan Ming Gong,

- Die Dreifache Gestalt,

- Meridiandehnungen,

- Meisterübung,

- Zwischen Himmel und Erde,

- Seidenraupenübung,

- Die Atemblume.

Preise: 24,99 (16,99) EUR

3.14. „Tai Chi Chuan Pekingstil kurze Form"

Die Tai Chi Chuan Kurzform im Pekingstil wird mit über 200 **Farb-Fotos** im Detail dargestellt. Jeder kleine Zwischenschritt dieser beliebten Tai-Chi-Form ist erkennbar und auch für Anfänger nachvollziehbar. Ergänzt wird das Ganze durch ausführlich erklärende Texte. Diese Form ist ideal, um einen ersten Einstieg ins Tai Chi sowie Harmonie von Körper, Geist und Seele zu finden.   Preise: 14,99 (10,99) EUR

3.15. „Taijiquan für Einsteiger by S. Wahle"

Die Taijiquan 12er Kurzform im Sawah-Stil, Grundhaltungen und Schritt-Techniken werden mit über 150 **Farb-Fotos** im Detail dargestellt. Jeder kleine Zwischenschritt ist erkennbar und insbesondere für Anfänger nachvollziehbar. Ergänzt wird das Ganze durch ausführlich erklärende Texte. Diese Form ist ideal, um einen ersten Einstieg ins Taiji sowie Harmonie von Körper, Geist und Seele zu finden.   Preise: 14,99 (9,99) EUR

3.16. „Sammelband Taijiquan Sawah Kuen"

Dieser Sammelband ist ein offizielles Lehrbuch der Sawah® Qigong und Taijiquan Gesellschaft. Das Taijiquan im Sawah Stil wird mit über 350 Fotos im Detail dargestellt. Jeder kleine Zwischenschritt ist erkennbar und insbesondere für Anfänger nachvollziehbar. Ergänzt wird das Ganze durch ausführlich erklärende Texte.

Preise: 18,99 (14,99) EUR

3.17. „Die Regenbogenfächerform - Eine Einführung in den Fächer des Taijiquan"

Die Regenbogenfächerform wird mit über 270 **Farbfotos** im Detail dargestellt. Jeder kleine Zwischenschritt dieser beliebten Fächer-Form ist erkennbar und auch für Anfänger nachvollziehbar. Dieses Lehrbuch ist offiziell von der Sawah® Qigong und Taijiquan Gesellschaft autorisiert. Taijiquan könnte man mit den Worten "Kampfkunst nach den Prinzipien von Yin und Yang" übersetzen, wobei bei uns im Westen der Kampfkunstaspekt (Quan = Faust) hinter dem Gesundheitsaspekt weit zurücktritt. Bei uns wird Taiji eher als Gymnastik zur Förderung der Gesundheit gesehen und entsprechend praktiziert. Das Motto dieses Buches lautet "Meditation in Bewegung" und beschreibt genau das Ziel des Ganzen. Bei der Praktizierung der Form soll die ganze Konzentration auf die Bewegungsausführung gelenkt werden. Dies macht den Geist frei und führt uns in einen meditativen, beruhigenden Zustand, der sich positiv auf Körper und Geist auswirkt. Des Weiteren sollen durch die Bewegungen die Meridiane durchlässig gemacht und von Blockaden befreit werden, um den freien Fluss des Qi (der Lebensenergie) zu gewährleisten. Dies wirkt auf den Organismus kräftigend und beugt Krankheiten vor. Insbesondere hat Taiji also eine präventive Wirkungsweise auf die Gesundheit.   Preise: 19,99 (14,99) EUR

4. Recht und Soziologie

4.1. „Wehr Dich gegen Mobbing!

- Hilfe und Anleitung zur Gegenwehr"

Dieses Buch gibt Hilfestellung und Anleitung im Kampf gegen Mobbing. Ausführung als **Hardcover**. Preis: 24,99 EUR

4.2. „Ethnozentrismus"

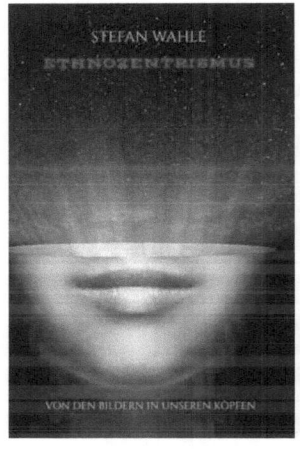 In diesem Buch geht es um die Bilder in unseren Köpfen, den Ethnozentrismus und dessen Einfluss auf unsere Fremdheits- erlebnisse. Bekannte Persönlichkeiten werden analysiert und des latenten Rassis- mus überführt. Dies ist eine **Hardcover Sonderausgabe**.

Auszüge:

Jeder Missionar solle eine gründliche Bildung besitzen, um in Afrika nicht geistig zugrunde zu gehen, um nicht zu „verniggern", wie es Schweitzer ausdrückte. Das „Verniggern" zeige sich insbesondere dadurch, dass man die großen Gesichtspunkte aus den Augen verliere, seine geistige Spannkraft einbüße und wie ein Neger anfange, sich mit den kleinen Dingen des Lebens unnötig aufzuhalten und diese auszudiskutieren. (Albert Schweitzer 1995b: S. 142)

...

Der Neger sei schließlich ein Kind (!), bei dem man ohne Autorität nichts auszurichten vermag. Freundlichkeit sei also immer mit Autorität zu verbinden. Dabei müsse der Weiße als „älterer Bruder" auftreten. Die Distanz aufzugeben hieße Einfluss und Macht zu verlieren, wie Schweitzer anhand eines praktischen Beispiels eines Missionars erfuhr, der diesen Grundsatz missachtete. Das „Wort des Weißen" gelte dann nichts mehr und er müsse mit den Negern diskutieren, als wäre er ihresgleichen. (Albert Schweitzer 1995b: S. 115 f.)

Preis: 24,99 EUR **Hardcover**

Das Buch ist auch als günstiges **Paperback** und **E-Book** unter anderem Namen erhältlich:

FREMDHEITSERLEBNISSE
UND HELFERPHANTASIEN
UNTER DEM EINFLUSS
VON ETHNOZENTRISMUS

Stefan Wahle

Preise: 9,99 (7,99) EUR

5. Reiseführer von Tanja & Stefan Wahle

5.1. „Reiseführer Cala Ratjada (Mallorca)"

Es gibt unendlich viele Reiseführer über Mallorca. Über eine wunderschöne Insel, die nicht umsonst der Deutschen liebstes Kind ist. Wir haben uns schon vor Jahren in das ehemalige Fischerörtchen Cala Ratjada verliebt und finden, dieser Ort hat mehr als eine Erwähnung auf ein bis drei Seiten eines Mallorca-Reiseführers verdient. Er verdient einen eigenen Reiseführer. Einen, bei dem man schon beim Lesen in Urlaubsstimmung kommt, der einen die Sonne spüren lässt und der, mit ein bisschen Fantasie, schon beim Lesen nach Orangen duftet. Wir lieben diesen Ort und hier erzählen wir Ihnen, warum auch

Sie diesen Ort unbedingt kennenlernen sollten. Mit 64 **Farbfotos** und 3 Karten.

Weitere Infos unter:

www.facebook.com/cala.ratjada.urlaub

Inhalte:

- Anreise

- Hotelempfehlungen

- Beschreibung der Strände

- Lokale

- Ausflüge

- wichtige Kontakte und Termine

- Kartenmaterial

Dies ist die überarbeitete, 6. Auflage 2020.

Preise: 9,99 (4,99) EUR

5.2. „Reiseführer Palma de Mallorca"

Wir haben uns in diesem Reiseführer ganz bewusst die „andere Seite" von Palma vorgenommen. Die Seite, fernab der Partymeile am Ballermann. Wer zum Feiern nach Mallorca kommt, wird dort eine gute Zeit haben, aber wir wollen hier eine andere Seite von Palma zeigen. Palma de Mallorca, die Stadt der Philosophen, Künstler und nicht zuletzt auch Seefahrer. Palma de Mallorca, das ist, unbestreitbar, auch der „Ballermann", aber eben lange nicht nur. Wer Mallorca mag, sollte sich Palma wenigstens einmal für mehr als einen Tagesausflug gönnen. Je länger der Aufenthalt in dieser zauberhaften Stadt dauert, je mehr erliegt man ihrem Charme. Wer sich die Zeit nimmt, diese Stadt kennenzulernen, der wird in ihren Bann geraten.

Das, was uns an dieser Stadt verzaubert hat, findet sich, neben praktischen Tipps für das Leben in Palma de Mallorca, in diesem Reiseführer! Was sich in diesem Reiseführer bewusst nicht findet, sind ausführliche Hotel- und Restaurant-Tipps, da diese bei der Vielfalt der Möglichkeiten in Palma immer nur ein kleiner Auszug sein können und wir Wert darauflegen, nur das zu empfehlen, was wir selber für Sie ausprobiert haben! Wir sind jedes Jahr vor Ort und testen für Sie. Folgen Sie auch unserem Reiseblog unter www.reise-blog-wahle.de. Mit 76 Farbfotos und 5 Karten.

Dies ist die überarbeitete, 5. Auflage 2020.

Weitere Infos unter:

www.facebook.com/palma.de.mallorca.urlaub

Preise: 10,99 (4,99) EUR

5.3. „Reiseführer Dénia – (Costa Blanca)"

Dénia ist eine spanische Stadt an der Costa Blanca direkt in der Mitte zwischen Alicante und Valencia. Entdecken Sie mit uns eine der schönsten Städte Spaniens ohne den üblichen Massentourismus.

Die Autoren beschreiben ihre ganz eigenen Reiseerfahrungen der letzten 20 Jahre an diesen Ort und dessen Umgebung. Dabei empfehlen und beschreiben sie ausschließlich, was sie selber ausprobiert und für gut befunden haben. Dies ist die 2., überarbeitete Auflage 2020.

Preise: 6,99 (4,99) EUR   Mit **Farb-Fotos**!

5.4. „Reiseführer Travemünde (Ostsee)"

Travemünde ist eine Reise wert. Direkt an der Ostsee an der Mündung der Trave gelegen ist der Lübecker Stadtteil Travemünde einer der schönsten Orte, um Urlaub an der See in Deutschland zu machen. Nur 85 Kilometer von Hamburg entfernt lohnen sich sogar Tagesausflüge. Von A wie Abenteuer bis Z wie Zeremonien findet man hier auf kleiner Fläche alles, was es für einen gelungenen Urlaub am Meer braucht. Neben wunderschönen Ausblicken auf die Ostsee hat der Ort auch kulinarisch und kulturell ein großes Angebot. Egal ob Ferienwohnung oder Hotel, ob Fischbrötchen am Strand oder Candle-Light-Dinner: Travemünde heißt Sie willkommen! Wir sind jedes Jahr vor Ort und testen Hotels und Restaurants. Mit 40 Farbfotos und 3 Karten.   Preise: 6,49 (3,99)

5.5. „Meine Rundreise Schottland"

 Nachdem eine Bekannte ihm immer wieder von der Schönheit Schottlands vorgeschwärmt hatte, buchte der Autor Stefan Wahle für sich allein spontan einen Flug nach Edinburgh und ein Bett in einem 8-Bett-Zimmer in einem Hostel in der Stadt. Hier sammelte er seine ersten Erfahrungen und verliebte sich in dieses Land und seine Menschen. Ein Jahr später buchte er eine Busrundreise, denn er wollte mehr von Schottland sehen! In diesem Buch berichtet der Autor über seine ganz persönlichen Erlebnisse und Eindrücke, die ihm dabei widerfuhren. Seine Ausführungen illustriert er mit einer Auswahl der von ihm angefertigten Fotos.

Preise: 8,99 (5,99) EUR

Sonderedition   Hardcover   mit   200g
Fotospezialpapier und Fadenheftung.

Preis: 23,49 EUR

6. Erzählungen, Romane

6.1. „Pfefferminzbruch" von Tanja Wahle

 "Pfefferminzbruch: Zuckersüß und Bitterböse" ist eine Mischung aus Erlebtem und Erdachtem; oftmals in einer Geschichte. Welcher Teil wozu gehört, bleibt das Geheimnis der Autorin. Ihres und das derer, die an den Geschichten manchmal beteiligt waren. 16 Geschichten und Gedichte aus verschiedenen Genres.

Für die Verweigerer von Vorworten und Inhaltsverzeichnissen sei noch auf den "Warnhinweis" auf Seite 5 hingewiesen.
Preise: 9,95 (7,99) EUR

6.2. „Sonntagsweibchen" von Tanja Wahle

Cosma-Melanies Leben verläuft nicht halb so aufregend, wie ihr Name es vermuten lässt. Eigentlich ist es ziemlich mittelmäßig, wie sie selber findet. Sie lebt sehr beschaulich in Hamburg in ihrem Elternhaus und wartet zusammen mit ihrem Bausparvertrag darauf, dass der passende Mann in ihr Leben tritt, um mit ihr eine Familie zu gründen. Eigentlich ist sie eine ganz normale Frau, bis ein Erlebnis ihr ein anderes Leben zeigt und sie sich fragen muss: Will ich wirklich in mein altes Leben zurück? Und was passiert, wenn die Antwort nein lautet?

Preise: 10,95 (8,49) EUR

6.3. „Diagnose Krebs" von Stefan Wahle

Ein Tagebuch über Entdeckung und Behandlung der Erkrankung

In diesem Buch geht es um einen chronologischen Erfahrungsbericht des Autors über seine Krebserkrankung, deren Entdeckung und Behandlungen. Von der operativen Entfernung des Tumors, über eine 6-monatige Chemotherapie bis hin zu diversen alternativen Behandlungsmethoden wird alles ausprobiert und dokumentiert. Dieser Erfahrungsbericht kann somit für Betroffene und deren Angehörige eine große Hilfe sein. Weitere Infos unter: www.diagnose-krebs.tips

Preise: 4,99 (3,99) EUR

6.4. „Abtauchen in Deutschland"

Es gibt vielfältige Gründe dafür, spurlos verschwinden zu wollen. Und auch der eine oder andere Leser wird schon seine Gründe haben. Ursachenforschung wird hier jedoch nicht betrieben, sondern es geht um das „Wie". Wie kann ich abtauchen, ohne Spuren zu hinterlassen. Wobei man wohl leider anzweifeln muss, ob es völlig spurlos überhaupt möglich ist. Zumindest gibt es Wege, Spuren zu vermeiden. Darum soll es in diesem Buch gehen. Der Autor bringt dabei seine vielfältigen Erfahrungen aus seinem Berufsleben als Bankkaufmann im Spezialgeschäft Südamerika, als Zollbeamter sowie als privater Ermittler und Personenschützer ein. Jeweils spannend unterlegt mit praktischen Geschichten aus seinem Leben.   Preise: 4,99 (3,99) RUR

7. Kinderbücher

„Prinzessin Karottchen" von Tanja Wahle

 Paula kann Gemüse nicht leiden, ist aber ein Fan von Schokolade. Ihre Mutter findet das gar nicht gut. Die beiden streiten oft darüber, bis Paula eines Tages Prinzessin Karottchen begegnet. Prinzessin Karottchen kann zaubern und löst damit Paulas Problem. Dafür bekommt Paula dann aber ein neues Problem und sie fängt an sich zu wünschen, dass alles wieder wird, wie es war.

Preise: 8,95 (6,99) EUR

8. Musik von Tanja Wahle über Amazon

Traumhaut von Tanja; Label: Sel Kaya Records Copyright: ℗ Copyright Control © Sel Kaya Records

Gesamtlänge: 17:54; als CD oder MP3
Erscheinungstermin: 25. Mai 2012
ASIN: B00804SFVE;   Preise: 6,99 (5,99) EUR

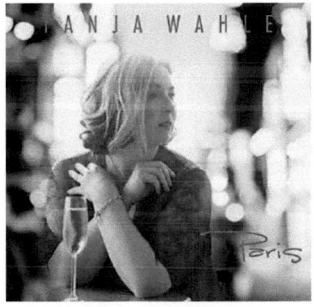

Paris von Tanja Wahle Erscheinungstermin: 11. September 2015 Label: Sel Kaya Records

Copyright: ℗© Sel Kaya Records
Dauer: 3:36 Minuten
ASIN: B014H378PK
Preis: 1,29 EUR als MP3

Tanz mit mir

von Tanja Wahle

Erscheinungstermin:

11. November 2016

Label: Sel Kaya

Records

Copyright: ℗© Sel Kaya Records

Dauer: 2:59 Minuten

ASIN: B01MCYSDPF

Preis: 1,29 EUR als MP3

Honesty von

CAYARA (Gesang:

Tanja Wahle)

Audio CD (1. August

2015) Format:

Single; Label:

Recordjet (Soulfood),

Spieldauer: 18 Minuten; als CD oder MP3

Erscheinungsdatum: 2013

ASIN: B00HFDWLFM

Preise: 12,28 (5,99) EUR

Novellen

Album mit 14
Titeln,
erschienen
2021 bei Sel
Kaya Records

ASIN:
B08X7HGJKR

Preis: 13,99 EUR als MP3

Paris 1789

EP mit 5
Titeln,
erschienen
2021 bei Sel
Kaya Records

ASIN:
B08VNJNJ2F

Preis: 6,45 EUR als MP3

9. Trainingslehre

9.1. „Die praktische Anwendung der ILB-Methode zur Optimierung des Krafttrainings"

Dieses Buch gibt Antworten auf viele Fragen, wie z.B.:

- wie erkenne ich ein gutes Fitness-Studio,

- wie erkenne ich einen guten Trainer,

- warum ist die Diagnose so wichtig und was beinhaltet sie,

- wie formuliere ich meine Ziele,

- wie funktioniert die ILB-Methode,

- wie erfolgt die Trainingsplanung,

- wie wird ein Training optimal durchgeführt,

- wie wird der Trainingserfolg gemessen und vieles mehr.

Der Inhalt gibt den Aufbau einer Hausarbeit der BSA-Akademie für die Trainer-B-Lizenz wieder und hilft Ihnen dabei, mit der ILB-Methode Ihr Krafttraining zu optimieren.

Preise: 7,99 (5,99) EUR

9.2. „Konzept zur Durchführung eines krankenkassengeförderten Präventionskurses"

Dieser Trainerleitfaden für BSA-Kursteilnehmer beinhaltet den Aufbau einer mit der Note 1 bewerteten Abschlussarbeit für den Kurs „Entspannungstrainer/in". Er kann somit als beispielhafte Vorlage verwendet werden. Preise: 6,99 (5,49) EUR

10. Zur Person Tanja Wahle

1972 in Hamburg geboren und aufgewachsen liebt die Autorin das Meer, egal ob rau oder sanft. Ihr Herz gehört der Kreativität und der Arbeit mit Menschen, egal ob als Schauspielerin, Sängerin mit ihrer Band „Dreamliners" oder als Vocalcoach bei „Aufgepowert".

Infos zu den Produkten von Tanja Wahle und Verlinkungen:

www.sw-sportbuch.de/tanja-wahle.html

11. Zur Person Stefan Wahle

Der studierte Diplom-Sozialökonom und Diplom-Sozialwirt Stefan Wahle ist seit mehr als 30 Jahren im Trainergeschäft tätig und hat bereits unzählige Selbstverteidigungskurse geleitet. Er betreibt seit 1985 Kampfkünste, ist Träger des 6. Dan Ju-Jutsu, Krav Maga Instructor verschiedener Verbände und Lehrer für Qigong.

Des Weiteren ist er seit 30 Jahren als Verleger und Autor im Buchgeschäft tätig. Er hat an der Hochschule für Wirtschaft und Politik in Hamburg BWL, VWL, Rechtswissenschaften und Soziologie studiert.

Mehr Infos unter: www.sw-sportbuch.de

6. Dan Ju-Jutsu für Stefan Wahle aus Barmbek zum 30-jährigen Mattenjubiläum

Der Barmbeker Sportbuchautor **Stefan Wahle** betreibt seit 1985 die Kampfkunst Ju-Jutsu. Im Rahmen seines 30-jährigen "Mattenjubiläums" wurden ihm von diversen Sportverbänden Ehrungen zuteil. Unter anderem wurde ihm für seine sportlichen Verdienste und sein ehrenamtliches Engagement der **6. Dan Ju-Jutsu** verliehen.

Weitere Infos auf der Fan-Seite von Stefan Wahle bei Facebook:
http://www.facebook.com/Stefan.Wahle.Autor

4 Bilder ▸

6. Dan Ju-Jutsu für Stefan Wahle zum 30-jährigen Mattenjubiläum

Ehrung zum 30-jährigen Mattenjubiläum 2015: Verleihung des 6. Dan Ju-Jutsu durch diverse Verbände.

12. Presseberichte

14. März 2018 | Nr. 11

Polizisten bei Kontrolle angegriffen

DULSBERG Bei einer Verkehrskontrolle überprüfte die Polizei vor kurzem einen Pkw und dessen Fahrer. Dieser zeigte sich wenig kooperativ, erklärte aber, dass er im Besitz von Drogen für den Eigenbedarf sei. Als er daraufhin oberflächlich durchsucht werden sollte, setzte sich der 21-Jährige, der keinen Führerschein besitzt, energisch zur Wehr, rammte einem Beamten den Ellenbogen ins Gesicht und stieß seine Kollegin zu Boden. Dann lief der Täter auf ein nahe gelegenes Schulgelände, wobei er auf seiner Flucht mehrfach etwas wegwarf. Fünf Tütchen mit Marihuana und ein weiteres Tütchen mit einer rauschgiftverdächtigen Substanz, die später gefunden wurden. Später stellte sich der Mann der Polizei. Ihn erwartet eine Anzeige. (th)

Gedenken an Ralph Giordano

UHLENHORST Aus Ralph Giordanos Roman "Die Bertinis", in dem das Überleben einer Hamburger Familie mit jüdischer Mutter während der Nazizeit beschrieben wird, lesen unter der Regie von Michael Batz am Dienstag, 20. März, 11 Uhr, im Ernst Deutsch Theater, Friedrich-Schütter-Platz 1, Patrick Abozen, Jantje Billker, Erik Schäffler, Christoph Tomanek und Isabella Vértes-Schütter. Anlass ist Ralph Giordanos Geburtstag, der 2014 verstarb. Eintritt: 10 (5) Euro. (th)

Lieder über die Liebe und das Meer

WINTERHUDE Lieder über die Liebe und das Meer singt und spielt das Trio Hafennacht am Montag, 19. März, 19.30 Uhr, in der Komödie Winterhuder Fährhaus, Hudtwalckerstraße 13. Uschi Wittich (Gesang), Erk Brazen (Gitarre) und Heiko Quis-

Gemeinsam haben Tanja und Stefan Wahle zwei Reiseführer über Mallorca geschrieben. Foto: Wahle

Multitalente stellen auf Buchmesse aus

MALLORCA-FÜHRER, Romane und Sachbücher

BARMBEK Zwei Barmbeker haben in den nächsten Tagen zum ersten Mal einen eigenen Stand auf der Leipziger Buchmesse. Mit einem vielfältigen Angebot präsentieren sich Tanja und Stefan Wahle am 15. und 16. März. Die beiden sind wahre Multitalente.

CHRISTIAN HANKE

Tanja Wahle schreibt Kurzgeschichten und hat gerade ihren ersten Roman veröffentlicht: "Sonntagsweihchen". "Da geht's um eine Frau, die ein gutes Leben hat, aber nicht glücklich damit ist", erzählt Tanja Wahle. Am 15. März liest sie von 13 bis 13.30 Uhr aus ihrem Roman-Erstling auf der Buchmesse. Die gebürtige Hamburgerin singt aber auch in einer Band und inszeniert Theater – und geht ihrem Beruf als Rechtsanwaltsgehilfin nach. "Schlaf

und Entspannung sind Luxus", erzählt Tanja Wahle, die aber auf ihre vielen Aktivitäten nicht verzichten möchte.

Ebenso wie ihr Ex-Mann Stefan – "Der beste Ex-Mann der Welt", so Tanja Wahle –, der sich verschiedenen Kampfsportarten verschrieben hat, über die er viele Bücher verfasst. Er ist auch Trainer und Lehrer in diesem Bereich und selbst aktiver Sportler mit Bestzeiten bei so manchem Laufwettbewerb. An Auszeichnungen mangelt es ihm nicht. Aber der studierte Betriebs- und Volkswirt, Soziologe und Jurist, der als Diplom-Sozialökonom und Diplom-Sozialwirt firmiert und als Bankkaufmann seine Brötchen verdient, hat auch Bücher über "Marketing für Selbstständige", "Arbeitsbelastungsfaktor Mobbing" und "Fremdheitserlebnisse und Helferphantasien unter dem Einfluss von Ethnozentrismus" geschrieben

und schließlich gemeinsam mit Tanja Wahle Reiseführer über Cala Ratjada auf Mallorca und Palma de Mallorca. Und das alles im eigenen Verlag, denn Verleger ist Stefan Wahle auch. Tanja Wahles Bücher und ihre CDs erscheinen dort ebenfalls.

Schreiben war schon immer ihr Ziel. "Schreiben war schon immer meins", erzählt die Autorin, die Ereignisse und Themen aufgreift, die ihr passieren. Da von handeln die vielen Kurzgeschichten, die sie geschrieben hat. Zusammengefasst zum Beispiel in "Pfeffernimbruch", aus dem Tanja Wahle am 16. März, 13.30 bis 14 Uhr auf der Buchmesse liest. Und wenn sie mal nicht schreibt oder liest, ist sie mit der eigenen Band unterwegs oder inszeniert oder schreibt ein Theaterstück. Denn die Herz gehört der Kreativität. (eh)

Artikel von Christian Hanke im Hamburger Wochenblatt vom 14. März 2018

| Startseite | Beitrag erstellen | Meine Seite | Verlag/Anzeigen | Online-Ausgaben |

Aktuelles   Lokales   Polizei   Kultur   Sport   Veranstaltungen   Menschen   Handel und Wirtsch

Region ▸ Barmbek ▸ Menschen ▸ Die Barmbeker Autoren Tanja und Stefan Wahle mit ihrem eigenen Stand auf der Leipziger Bu

Die Barmbeker Autoren Tanja und Stefan Wahle mit ihrem eigenen Stand auf der Leipziger Buchmesse im März 2018

Wann? 15.03.2018 10:00 Uhr
Wo? Leipziger Buchmesse 2018, Messe-Allee 1, 04356 Leipzig

Leipzig: Leipziger Buchmesse 2018 | Vom 15. bis 18. März findet in **Leipzig** die **Buchmesse 2018** statt. Die Barmbeker Autoren **Tanja und Stefan Wahle** präsentieren dort auf ihrem eigenen Autorenstand ihr komplettes Buchprogramm.

Link zu den Büchern von Stefan Wahle

Link zu den Büchern von Tanja Wahle

Die Barmbeker Autoren Tanja und Stefan Wahle auf der Leipziger Buchmesse

Wochenblatt Barmbek

| Startseite | Beitrag erstellen | Meine Seite | Verlag/Anzeigen | Online-Ausgaben |

Aktuelles   Lokales   Polizei   Kultur   Sport   Veranstaltungen   Menschen   Handel und Wirtsch

Region ▸ Barmbek ▸ Kultur ▸ Der Barmbeker Buchautor Stefan Wahle präsentierte auf der Frankfurter Buchmesse 2017 sein ne

Der Barmbeker Buchautor Stefan Wahle präsentierte auf der Frankfurter Buchmesse 2017 sein neues Buch zum Thema Mobbing

Vom 11. bis 15. Oktober fand in **Frankfurt** die **Buchmesse 2017** statt. Der Barmbeker Autor **Stefan Wahle** präsentierte dort sein neues **Buch "Arbeitsbelastungsfaktor Mobbing"**. Dieses Buch über den Arbeitsbelastungsfaktor Mobbing beschäftigt sich schwerpunktmäßig mit den "Gegenmaßnahmen" und ist somit in erster Linie für Betroffene, aber auch für Personalverantwortliche, Betriebsratsmitglieder, Betriebsinhaber und dergleichen, geeignet.

Autor Stefan Wahle mit seinem Buch "Arbeitsbelastungsfaktor Mobbing" auf der Frankfurter Buchmesse 2017

Der Diplom-Sozialökonom und Diplom-Sozialwirt Stefan Wahle ist seit fast 30 Jahren als Verleger und Autor im Buchgeschäft tätig. Er hat an der Hochschule für Wirtschaft und Politik in Hamburg BWL, VWL, Rechtswissenschaften und Soziologie studiert.

Link zum Buch bei Amazon mit Blick ins Buch.

Autoren-Fan-Seite bei Facebook

13. Messerückschau 2018 / 2019

Unser Stand D330 in Halle 5 auf der Leipziger Buchmesse im Bereich der Autorengemeinschaftspräsentation im Jahr **2018** als Projekt „www.sw-sportbuch.de". Es gab zwei Lesungen aus den Büchern „Pfefferminzbruch" und „Sonntagsweibchen" von Tanja Wahle.

Unser Stand D332 in Halle 5 auf der Leipziger Buchmesse im Jahr **2019** als gemeinsames Projekt „Autoren-Team Wahle www.buch.guru". Es gab eine Lesung aus dem Buch „Sonntagsweibchen". Alle Lesungen können auf dem YouTube-Kanal von Stefan Wahle angesehen werden.

Stand auf der **Buch Berlin** im Jahr **2019** im Mercure Hotel MOA Berlin.

Stand auf der **Book Oldesloe** im Jahr **2018**

Alle Bücher können als Printausgabe oder als E-Book bezogen werden bei, z.B.

- www.bod.de/buchshop/
- www.amazon.de
- www.thalia.de
- www.weltbild.de
- Apple Books über die Verlinkung www.ebook-shop.me
- www.hugendubel.de
- https://shop.autorenwelt.de/

Als Erstes werden die Preise der Printausgaben (bzw. CDs) genannt, in Klammern die der E-Books (bzw. MP3-Downloads). Irrtümer vorbehalten! Mehr Infos zu unseren Produkten und noch mehr Veröffentlichungen auf unseren Seiten:

www.sw-sportbuch.de

www.buch.guru

Mehr Infos zum Thema Krav Maga:

www.kravmaga-sawah.de

Mehr Infos zum Thema American Ju-Jutsu:

www.ju-jutsu-verband.de

Mehr Infos zum Thema Qigong + Taijiquan:

www.sawah-qigong.de

Mehr Infos zum Thema Reiseführer:

www.sw-reisebuch.de

www.reise-blog-wahle.de